MW01272969

This Journal Belongs to:

_____

The Five Minute Morning Journal

People can plan
what they want
to do, but it is

the Lord who
guides their steps.

—Proverbs 16:9—

Day: Date:

Today I am grateful for...

Day: Date:

Today I am grateful for...

Day: Date:

Today I am grateful for...

Day: Date:

Today I am grateful for...

Day: Date:

Today I am grateful for...

Day: Date:

Today I am grateful for...

Day: Date:

Today I am grateful for...

Draw a Picture about your mood

Notes

☺ **Day:**   ☺ **Date:**

Today I am grateful for...

☺ **Day:**   ☺ **Date:**

Today I am grateful for...

☺ **Day:**   ☺ **Date:**

Today I am grateful for...

☺ **Day:**   ☺ **Date:**

Today I am grateful for...

☺ **Day:**   ☺ **Date:**

Today I am grateful for...

😊 Day:　　　　😊 Date:

Today I am grateful for...

😊 Day:　　　　😊 Date:

Today I am grateful for...

Draw a Picture about your mood

Notes

☺ **Day:**   ☺ **Date:**

Today I am grateful for...

☺ **Day:**   ☺ **Date:**

Today I am grateful for...

☺ **Day:**   ☺ **Date:**

Today I am grateful for...

☺ **Day:**   ☺ **Date:**

Today I am grateful for...

☺ **Day:**   ☺ **Date:**

Today I am grateful for...

Day: Date:

Today I am grateful for...

Day: Date:

Today I am grateful for...

Draw a Picture about your mood

Notes

Day: Date:

Today I am grateful for...

Day: Date:

Today I am grateful for...

Day: Date:

Today I am grateful for...

Day: Date:

Today I am grateful for...

Day: Date:

Today I am grateful for...

☺ Day: ☺ Date:

Today I am grateful for...

_____
_____
_____

☺ Day: ☺ Date:

Today I am grateful for...

_____
_____
_____

Draw a Picture about your mood

Notes

_____
_____
_____
_____
_____
_____
_____
_____

Day: Date:

Today I am grateful for...

Day: Date:

Today I am grateful for...

Day: Date:

Today I am grateful for...

Day: Date:

Today I am grateful for...

Day: Date:

Today I am grateful for...

☺ Day: ☺ Date:

Today I am grateful for...
_____
_____
_____

☺ Day: ☺ Date:

Today I am grateful for...
_____
_____
_____

Draw a Picture about your mood

Notes

_____
_____
_____
_____
_____
_____
_____
_____

☺ Day: ☺ Date:

Today I am grateful for...
_____
_____
_____

☺ Day: ☺ Date:

Today I am grateful for...
_____
_____
_____

☺ Day: ☺ Date:

Today I am grateful for...
_____
_____
_____

☺ Day: ☺ Date:

Today I am grateful for...
_____
_____
_____

☺ Day: ☺ Date:

Today I am grateful for...
_____
_____
_____

☺ Day: ☺ Date:

Today I am grateful for...
_____
_____
_____

☺ Day: ☺ Date:

Today I am grateful for...
_____
_____
_____

Draw a Picture about your mood

Notes

_____
_____
_____
_____
_____
_____
_____
_____

Day:　　　　　　　　　　Date:

Today I am grateful for...

Day:　　　　　　　　　　Date:

Today I am grateful for...

Day:　　　　　　　　　　Date:

Today I am grateful for...

Day:　　　　　　　　　　Date:

Today I am grateful for...

Day:　　　　　　　　　　Date:

Today I am grateful for...

Day: Date:

Today I am grateful for...

Day: Date:

Today I am grateful for...

Draw a Picture about your mood

Notes

Day: Date:

Today I am grateful for...

Day: Date:

Today I am grateful for...

Day: Date:

Today I am grateful for...

Day: Date:

Today I am grateful for...

Day: Date:

Today I am grateful for...

Day: Date:

Today I am grateful for...

Day: Date:

Today I am grateful for...

Draw a Picture about your mood

Notes

😊 Day: 😊 Date:

Today I am grateful for...
_____
_____
_____

😊 Day: 😊 Date:

Today I am grateful for...
_____
_____
_____

😊 Day: 😊 Date:

Today I am grateful for...
_____
_____
_____

😊 Day: 😊 Date:

Today I am grateful for...
_____
_____
_____

😊 Day: 😊 Date:

Today I am grateful for...
_____
_____
_____

Day: Date:

Today I am grateful for...

Day: Date:

Today I am grateful for...

Draw a Picture about your mood

Notes

Day: Date:

Today I am grateful for...

Day: Date:

Today I am grateful for...

Day: Date:

Today I am grateful for...

Day: Date:

Today I am grateful for...

Day: Date:

Today I am grateful for...

Day: Date:

Today I am grateful for...

Day: Date:

Today I am grateful for...

Draw a Picture about your mood

Notes

Day:　　　　　　　　　　　Date:

Today I am grateful for...

Day:　　　　　　　　　　　Date:

Today I am grateful for...

Day:　　　　　　　　　　　Date:

Today I am grateful for...

Day:　　　　　　　　　　　Date:

Today I am grateful for...

Day:　　　　　　　　　　　Date:

Today I am grateful for...

☺ Day: ☺ Date:

Today I am grateful for...
_____
_____
_____

☺ Day: ☺ Date:

Today I am grateful for...
_____
_____
_____

Draw a Picture about your mood

Notes
_____
_____
_____
_____
_____
_____
_____
_____

Day: Date:

Today I am grateful for...

Day: Date:

Today I am grateful for...

Day: Date:

Today I am grateful for...

Day: Date:

Today I am grateful for...

Day: Date:

Today I am grateful for...

Day: Date:

Today I am grateful for...

Day: Date:

Today I am grateful for...

Draw a Picture about your mood

Notes

Day: Date:

Today I am grateful for...

Day: Date:

Today I am grateful for...

Day: Date:

Today I am grateful for...

Day: Date:

Today I am grateful for...

Day: Date:

Today I am grateful for...

☺ Day: ☺ Date:

Today I am grateful for...

☺ Day: ☺ Date:

Today I am grateful for...

Draw a Picture about your mood

Notes

☺ **Day:**   ☺ **Date:**

Today I am grateful for...

☺ **Day:**   ☺ **Date:**

Today I am grateful for...

☺ **Day:**   ☺ **Date:**

Today I am grateful for...

☺ **Day:**   ☺ **Date:**

Today I am grateful for...

☺ **Day:**   ☺ **Date:**

Today I am grateful for...

Day: Date:

Today I am grateful for...

_____
_____
_____

Day: Date:

Today I am grateful for...

_____
_____
_____

Draw a Picture about your mood

Notes

_____
_____
_____
_____
_____
_____
_____
_____

Day: Date:

Today I am grateful for...

Day: Date:

Today I am grateful for...

Day: Date:

Today I am grateful for...

Day: Date:

Today I am grateful for...

Day: Date:

Today I am grateful for...

☺ **Day:**   ☺ **Date:**

Today I am grateful for...
_____
_____
_____

☺ **Day:**   ☺ **Date:**

Today I am grateful for...
_____
_____
_____

Draw a Picture about your mood

Notes
_____
_____
_____
_____
_____
_____
_____
_____

☺ **Day:** ☺ **Date:**

Today I am grateful for...

☺ **Day:** ☺ **Date:**

Today I am grateful for...

☺ **Day:** ☺ **Date:**

Today I am grateful for...

☺ **Day:** ☺ **Date:**

Today I am grateful for...

☺ **Day:** ☺ **Date:**

Today I am grateful for...

☺ Day: ☺ Date:

Today I am grateful for...
_____
_____
_____

☺ Day: ☺ Date:

Today I am grateful for...
_____
_____
_____

Draw a Picture about your mood

Notes

_____
_____
_____
_____
_____
_____
_____
_____
_____

Day: Date:

Today I am grateful for...

Day: Date:

Today I am grateful for...

Day: Date:

Today I am grateful for...

Day: Date:

Today I am grateful for...

Day: Date:

Today I am grateful for...

Day: Date:

Today I am grateful for...

Day: Date:

Today I am grateful for...

Draw a Picture about your mood

Notes

Day: Date:

Today I am grateful for...

Day: Date:

Today I am grateful for...

Day: Date:

Today I am grateful for...

Day: Date:

Today I am grateful for...

Day: Date:

Today I am grateful for...

Day: Date:

Today I am grateful for...

Day: Date:

Today I am grateful for...

Draw a Picture about your mood

Notes

Day: Date:

Today I am grateful for...

Day: Date:

Today I am grateful for...

Day: Date:

Today I am grateful for...

Day: Date:

Today I am grateful for...

Day: Date:

Today I am grateful for...

☺ Day: ☺ Date:

Today I am grateful for...

☺ Day: ☺ Date:

Today I am grateful for...

Draw a Picture about your mood

Notes

☺ Day: ☺ Date:

Today I am grateful for...
_____
_____
_____

☺ Day: ☺ Date:

Today I am grateful for...
_____
_____
_____

☺ Day: ☺ Date:

Today I am grateful for...
_____
_____
_____

☺ Day: ☺ Date:

Today I am grateful for...
_____
_____
_____

☺ Day: ☺ Date:

Today I am grateful for...
_____
_____
_____

:) Day: :) Date:

Today I am grateful for...

:) Day: :) Date:

Today I am grateful for...

Draw a Picture about your mood

Notes

:) Day: :) Date:

Today I am grateful for...
_____
_____
_____

:) Day: :) Date:

Today I am grateful for...
_____
_____
_____

:) Day: :) Date:

Today I am grateful for...
_____
_____
_____

:) Day: :) Date:

Today I am grateful for...
_____
_____
_____

:) Day: :) Date:

Today I am grateful for...
_____
_____
_____

☺ Day: ☺ Date:

Today I am grateful for...
_____
_____
_____

☺ Day: ☺ Date:

Today I am grateful for...
_____
_____
_____

Draw a Picture about your mood

Notes

_____
_____
_____
_____
_____
_____
_____
_____

Day: Date:

Today I am grateful for...

Day: Date:

Today I am grateful for...

Day: Date:

Today I am grateful for...

Day: Date:

Today I am grateful for...

Day: Date:

Today I am grateful for...

Day: Date:

Today I am grateful for...

Day: Date:

Today I am grateful for...

Draw a Picture about your mood

Notes

Day: Date:

Today I am grateful for...

Day: Date:

Today I am grateful for...

Day: Date:

Today I am grateful for...

Day: Date:

Today I am grateful for...

Day: Date:

Today I am grateful for...

☺ Day: ☺ Date:

Today I am grateful for...

_____
_____
_____

☺ Day: ☺ Date:

Today I am grateful for...

_____
_____
_____

Draw a Picture about your mood

Notes

_____
_____
_____
_____
_____
_____
_____
_____
_____

☺ **Day:**   ☺ **Date:**

Today I am grateful for...

_____
_____
_____

☺ **Day:**   ☺ **Date:**

Today I am grateful for...

_____
_____
_____

☺ **Day:**   ☺ **Date:**

Today I am grateful for...

_____
_____
_____

☺ **Day:**   ☺ **Date:**

Today I am grateful for...

_____
_____
_____

☺ **Day:**   ☺ **Date:**

Today I am grateful for...

_____
_____
_____

Day: Date:

Today I am grateful for...

Day: Date:

Today I am grateful for...

Draw a Picture about your mood

Notes

Day: Date:

Today I am grateful for...

Day: Date:

Today I am grateful for...

Day: Date:

Today I am grateful for...

Day: Date:

Today I am grateful for...

Day: Date:

Today I am grateful for...

Day: Date:

Today I am grateful for...

Day: Date:

Today I am grateful for...

Draw a Picture about your mood

Notes

Day: Date:

Today I am grateful for...

Day: Date:

Today I am grateful for...

Day: Date:

Today I am grateful for...

Day: Date:

Today I am grateful for...

Day: Date:

Today I am grateful for...

☺ Day:　　　　☺ Date:

Today I am grateful for...

_____
_____
_____

☺ Day:　　　　☺ Date:

Today I am grateful for...

_____
_____
_____

Draw a Picture about your mood

Notes

_____
_____
_____
_____
_____
_____
_____
_____

☺ **Day:**　　　☺ **Date:**

Today I am grateful for...

☺ **Day:**　　　☺ **Date:**

Today I am grateful for...

☺ **Day:**　　　☺ **Date:**

Today I am grateful for...

☺ **Day:**　　　☺ **Date:**

Today I am grateful for...

☺ **Day:**　　　☺ **Date:**

Today I am grateful for...

Day: Date:

Today I am grateful for...

Day: Date:

Today I am grateful for...

Draw a Picture about your mood

Notes

Day: Date:

Today I am grateful for...

_____

Day: Date:

Today I am grateful for...

_____

Day: Date:

Today I am grateful for...

_____

Day: Date:

Today I am grateful for...

_____

Day: Date:

Today I am grateful for...

_____

Day: Date:

Today I am grateful for...

Day: Date:

Today I am grateful for...

Draw a Picture about your mood

Notes

Day: **Date:**

Today I am grateful for...

Day: **Date:**

Today I am grateful for...

Day: **Date:**

Today I am grateful for...

Day: **Date:**

Today I am grateful for...

Day: **Date:**

Today I am grateful for...

:) Day: :) Date:

Today I am grateful for...

:) Day: :) Date:

Today I am grateful for...

Draw a Picture about your mood

Notes

Day: Date:

Today I am grateful for...

Day: Date:

Today I am grateful for...

Day: Date:

Today I am grateful for...

Day: Date:

Today I am grateful for...

Day: Date:

Today I am grateful for...

Day: Date:

Today I am grateful for...

Day: Date:

Today I am grateful for...

Draw a Picture about your mood

Notes

Day: Date:

Today I am grateful for...

Day: Date:

Today I am grateful for...

Day: Date:

Today I am grateful for...

Day: Date:

Today I am grateful for...

Day: Date:

Today I am grateful for...

Day: Date:

Today I am grateful for...

Day: Date:

Today I am grateful for...

Draw a Picture about your mood

Notes

Day: **Date:**

Today I am grateful for...

Day: **Date:**

Today I am grateful for...

Day: **Date:**

Today I am grateful for...

Day: **Date:**

Today I am grateful for...

Day: **Date:**

Today I am grateful for...

☺ Day: ☺ Date:

Today I am grateful for...

☺ Day: ☺ Date:

Today I am grateful for...

Draw a Picture about your mood

Notes

Day:　　　　　　Date:

Today I am grateful for...

Day:　　　　　　Date:

Today I am grateful for...

Day:　　　　　　Date:

Today I am grateful for...

Day:　　　　　　Date:

Today I am grateful for...

Day:　　　　　　Date:

Today I am grateful for...

☺ Day: ☺ Date:

Today I am grateful for...

☺ Day: ☺ Date:

Today I am grateful for...

Draw a Picture about your mood

Notes

☺ **Day:** ☺ **Date:**

Today I am grateful for...

☺ **Day:** ☺ **Date:**

Today I am grateful for...

☺ **Day:** ☺ **Date:**

Today I am grateful for...

☺ **Day:** ☺ **Date:**

Today I am grateful for...

☺ **Day:** ☺ **Date:**

Today I am grateful for...

Day: Date:

Today I am grateful for...

Day: Date:

Today I am grateful for...

Draw a Picture about your mood

Notes

😊 Day: 😊 Date:

Today I am grateful for...

😊 Day: 😊 Date:

Today I am grateful for...

😊 Day: 😊 Date:

Today I am grateful for...

😊 Day: 😊 Date:

Today I am grateful for...

😊 Day: 😊 Date:

Today I am grateful for...

Day: Date:

Today I am grateful for...

Day: Date:

Today I am grateful for...

Draw a Picture about your mood

Notes

:) Day: :) Date:

Today I am grateful for...

:) Day: :) Date:

Today I am grateful for...

:) Day: :) Date:

Today I am grateful for...

:) Day: :) Date:

Today I am grateful for...

:) Day: :) Date:

Today I am grateful for...

Day: Date:

Today I am grateful for...

_____
_____
_____

Day: Date:

Today I am grateful for...

_____
_____
_____

Draw a Picture about your mood

Notes

_____
_____
_____
_____
_____
_____
_____
_____

:) Day: :) Date:

Today I am grateful for...

:) Day: :) Date:

Today I am grateful for...

:) Day: :) Date:

Today I am grateful for...

:) Day: :) Date:

Today I am grateful for...

:) Day: :) Date:

Today I am grateful for...

Day: Date:

Today I am grateful for...

Day: Date:

Today I am grateful for...

Draw a Picture about your mood

Notes

Day: Date:

Today I am grateful for...

Day: Date:

Today I am grateful for...

Day: Date:

Today I am grateful for...

Day: Date:

Today I am grateful for...

Day: Date:

Today I am grateful for...

☺ Day:　　　　　☺ Date:

Today I am grateful for...

_____
_____
_____

☺ Day:　　　　　☺ Date:

Today I am grateful for...

_____
_____
_____

Draw a Picture about your mood

Notes

_____
_____
_____
_____
_____
_____
_____
_____

☺ **Day:**   ☺ **Date:**

Today I am grateful for...

☺ **Day:**   ☺ **Date:**

Today I am grateful for...

☺ **Day:**   ☺ **Date:**

Today I am grateful for...

☺ **Day:**   ☺ **Date:**

Today I am grateful for...

☺ **Day:**   ☺ **Date:**

Today I am grateful for...

☺ Day: ☺ Date:

Today I am grateful for...
_____
_____
_____

☺ Day: ☺ Date:

Today I am grateful for...
_____
_____
_____

Draw a Picture about your mood

Notes

_____
_____
_____
_____
_____
_____
_____
_____

Day: **Date:**

Today I am grateful for...

Day: **Date:**

Today I am grateful for...

Day: **Date:**

Today I am grateful for...

Day: **Date:**

Today I am grateful for...

Day: **Date:**

Today I am grateful for...

☺ Day: ☺ Date:

Today I am grateful for...
_____
_____
_____

☺ Day: ☺ Date:

Today I am grateful for...
_____
_____
_____

Draw a Picture about your mood

Notes

_____
_____
_____
_____
_____
_____
_____
_____

Day: Date:

Today I am grateful for...

Day: Date:

Today I am grateful for...

Day: Date:

Today I am grateful for...

Day: Date:

Today I am grateful for...

Day: Date:

Today I am grateful for...

☺ Day: ☺ Date:

Today I am grateful for...

☺ Day: ☺ Date:

Today I am grateful for...

Draw a Picture about your mood

Notes

Day: Date:

Today I am grateful for...

Day: Date:

Today I am grateful for...

Day: Date:

Today I am grateful for...

Day: Date:

Today I am grateful for...

Day: Date:

Today I am grateful for...

Day: Date:

Today I am grateful for...

_____
_____
_____

Day: Date:

Today I am grateful for...

_____
_____
_____

Draw a Picture about your mood

Notes

_____
_____
_____
_____
_____
_____
_____
_____

☺ Day: ☺ Date:

Today I am grateful for...

☺ Day: ☺ Date:

Today I am grateful for...

☺ Day: ☺ Date:

Today I am grateful for...

☺ Day: ☺ Date:

Today I am grateful for...

☺ Day: ☺ Date:

Today I am grateful for...

☺ Day: ☺ Date:

Today I am grateful for...

☺ Day: ☺ Date:

Today I am grateful for...

Draw a Picture about your mood

Notes

Day: **Date:**

Today I am grateful for...

Day: **Date:**

Today I am grateful for...

Day: **Date:**

Today I am grateful for...

Day: **Date:**

Today I am grateful for...

Day: **Date:**

Today I am grateful for...

☺ Day: ☺ Date:

Today I am grateful for...

☺ Day: ☺ Date:

Today I am grateful for...

Draw a Picture about your mood

Notes

☺ **Day:**   ☺ **Date:**

Today I am grateful for...

☺ **Day:**   ☺ **Date:**

Today I am grateful for...

☺ **Day:**   ☺ **Date:**

Today I am grateful for...

☺ **Day:**   ☺ **Date:**

Today I am grateful for...

☺ **Day:**   ☺ **Date:**

Today I am grateful for...

Day: Date:

Today I am grateful for...

Day: Date:

Today I am grateful for...

Draw a Picture about your mood

Notes

Day: Date:

Today I am grateful for...

Day: Date:

Today I am grateful for...

Day: Date:

Today I am grateful for...

Day: Date:

Today I am grateful for...

Day: Date:

Today I am grateful for...

Day: Date:

Today I am grateful for...
_____
_____
_____

Day: Date:

Today I am grateful for...
_____
_____
_____

Draw a Picture about your mood

Notes

_____
_____
_____
_____
_____
_____
_____
_____

:) Day: :) Date:

Today I am grateful for...

:) Day: :) Date:

Today I am grateful for...

:) Day: :) Date:

Today I am grateful for...

:) Day: :) Date:

Today I am grateful for...

:) Day: :) Date:

Today I am grateful for...

Day: Date:

Today I am grateful for...

Day: Date:

Today I am grateful for...

Draw a Picture about your mood

Notes

Day: Date:

Today I am grateful for...

_____
_____
_____

Day: Date:

Today I am grateful for...

_____
_____
_____

Day: Date:

Today I am grateful for...

_____
_____
_____

Day: Date:

Today I am grateful for...

_____
_____
_____

Day: Date:

Today I am grateful for...

_____
_____
_____

Day: Date:

Today I am grateful for...

Day: Date:

Today I am grateful for...

Draw a Picture about your mood

Notes

☺ Day: ☺ Date:

Today I am grateful for...

☺ Day: ☺ Date:

Today I am grateful for...

☺ Day: ☺ Date:

Today I am grateful for...

☺ Day: ☺ Date:

Today I am grateful for...

☺ Day: ☺ Date:

Today I am grateful for...

☺ Day: ☺ Date:

Today I am grateful for...
_____
_____
_____

☺ Day: ☺ Date:

Today I am grateful for...
_____
_____
_____

Draw a Picture about your mood

Notes

_____
_____
_____
_____
_____
_____
_____
_____

Day: Date:

Today I am grateful for...

Day: Date:

Today I am grateful for...

Day: Date:

Today I am grateful for...

Day: Date:

Today I am grateful for...

Day: Date:

Today I am grateful for...

Day: Date:

Today I am grateful for...

Day: Date:

Today I am grateful for...

Draw a Picture about your mood

Notes

Day: Date:

Today I am grateful for...

Day: Date:

Today I am grateful for...

Day: Date:

Today I am grateful for...

Day: Date:

Today I am grateful for...

Day: Date:

Today I am grateful for...

☺ **Day:**   ☺ **Date:**

Today I am grateful for...
_____
_____
_____

☺ **Day:**   ☺ **Date:**

Today I am grateful for...
_____
_____
_____

Draw a Picture about your mood

Notes

_____
_____
_____
_____
_____
_____
_____
_____

Day: **Date:**

Today I am grateful for...

Day: **Date:**

Today I am grateful for...

Day: **Date:**

Today I am grateful for...

Day: **Date:**

Today I am grateful for...

Day: **Date:**

Today I am grateful for...

Day: Date:

Today I am grateful for...

Day: Date:

Today I am grateful for...

Draw a Picture about your mood

Notes

CPSIA information can be obtained
at www.ICGtesting.com
Printed in the USA
FSHW020717141218
54473FS